Grundschule

Gabriela Rosenwald

Lapbook Getreide

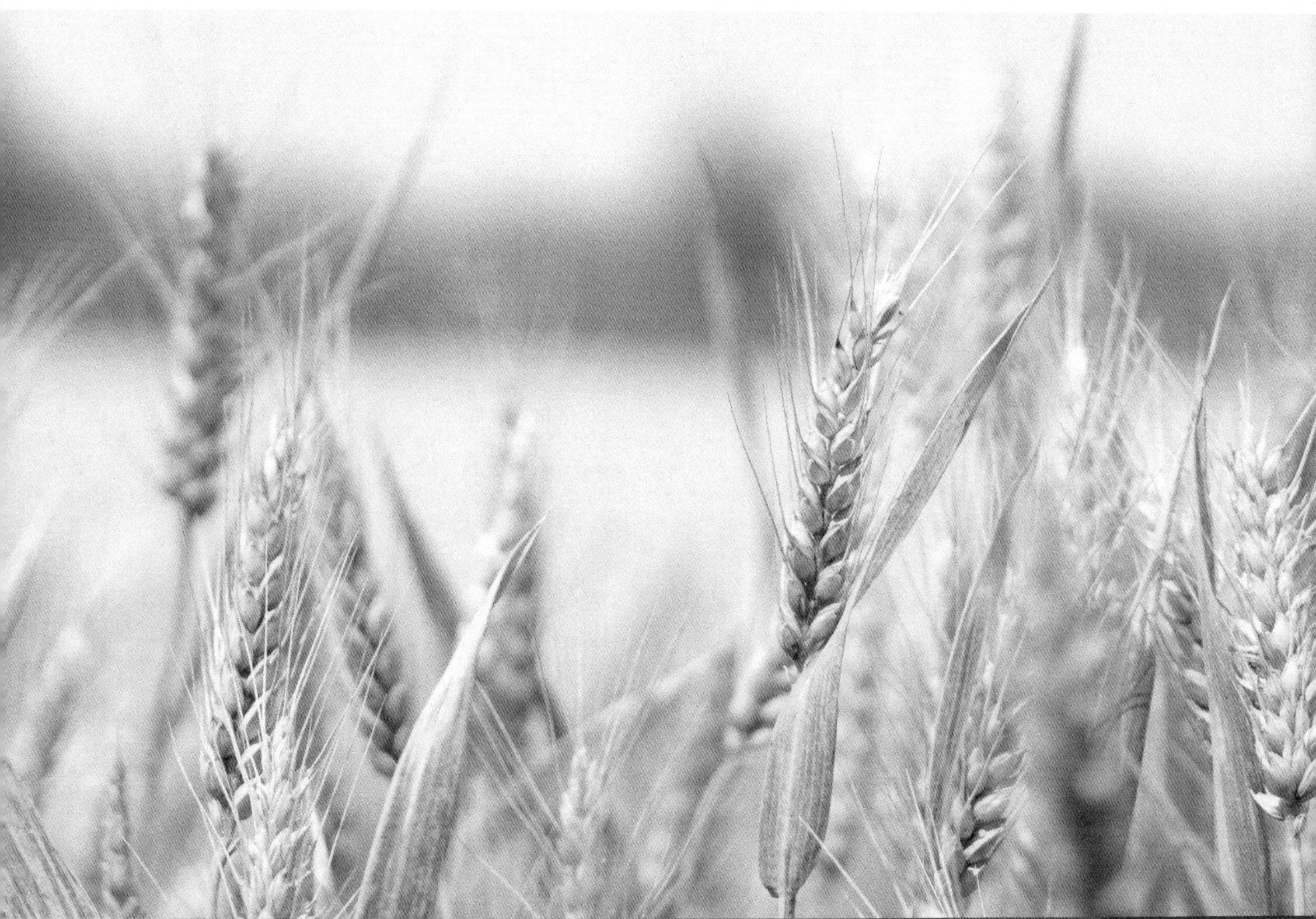

Die Getreidesorten kreativ erarbeiten

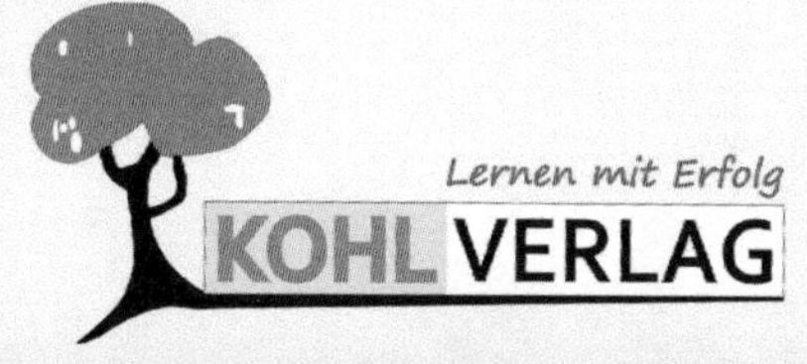

www.kohlverlag.de

Lapbook Getreide

2. Auflage 2025

Idee und Text: Gabriela Rosenwald
Coverbilder: © kirahoffmann – AdobeStock.com
Redaktion: Kohl-Verlag
Grafik & Satz: Kohl-Verlag
Druck: elanders Druck, Waiblingen

Bestell-Nr. 13 012

ISBN: 978-3-98841-041-2

Bildquellen: © AdobeStock.com

S. 4: Екатерина Полякова.; **S. 5:** godesignz (2x); **S. 6:** Igor Dudchak; **S. 7:** aboikis; **S. 8:** domnitsky, Schlierner, kolesnikovserg, ExQuisine, Igor Dudchak; **S. 9:** Wolfilser (4x); **S. 10:** spline_x, oxie99, phongphiphat, Amy LV, Александр Переверзев; **S. 11:** photocrew (2x), Nitr; **S. 12:** Christian Jung, photocrew, somkak, kostrez; **S. 14:** Bezvershenko; **S. 15:** wandapelingmailcom; **S. 16:** Rebel, Ruckszio; **S. 17:** Xavier; **S. 21:** Photo SG, womue, pisut, kolesnikovserg; **S. 22:** Natallia, Václav Mach, womue, kolesnikovserg, pisut; **S. 23:** setory (7x),; **S. 24:** AA; **S. 25:** JPC-PROD; **S. 26:** Macrovector (3x), Tati Dsgn; **S. 27:** Macrovector (4x), Alexandr, xamtiw; **S. 28:** Hennadii (2x), airborne77, robu_s, Sergio Lievano; **S. 29:** Hennadii (2x), Thomas Söllner, airborne77, Macrovector; **S. 30:** dracozlat; **S. 31:** Image'in, photoschmidt, Wolfgang Jargstorff;

Bildquellen: © wikipedia frei, © Autorin GaRo

S. 16: Weizenkorn; **S. 17:** Rispe, Getreide Blütenstand, Ähre; **S. 18:** Getreide 1-8; **S. 21:** A, B; **S. 22:** F; **S. 31:** Sämaschine Miquel Pujol Palol

Kontakt: Kohl-Verlag, An der Brennerei 37-45, 50170 Kerpen
Tel: +49 2275 331610, Mail: info@kohlverlag.de

Inhalt

Vorwort

Getreide ist eines unserer Grundnahrungsmittel. Weizen, Roggen, Gerste, Hafer und Mais wachsen bei uns, Reis und Hirse sind wichtig in Asien und Afrika. Nicht nur Brot besteht aus Getreide. Nudeln, Reis und auch Pizza, Cornflakes und Burger sind vom Speiseplan unserer Kinder nicht mehr wegzudenken. Die Entwicklung des Korns, der Werdegang zu Brot und Brötchen und die Arbeiten auf dem Feld früher und heute werden in diesem Lapbook dargestellt. Die Kinder können eigene Ideen einbringen oder die vorgefertigten Seiten nutzen.

Doch was ist ein Lapbook?

Ein Lapbook wird meist aus einem Fotokarton oder Tonkarton hergestellt, der auf unterschiedliche Weise gefaltet und eingeschnitten werden kann. In einem solchen Lapbook können mit Hilfe von Faltbüchern, Leporellos, Minibüchern und verschiedenen Faltformen auf engem Raum viele Aussagen angeordnet werden. Die Kinder können beim Gestalten ihrer Fantasie freien Lauf lassen.

Erfolgreiches Lernen und viel Spaß wünschen Ihnen

Der Kohl-Verlag und

Gabriela Rosenwald

Und so kann es aussehen:

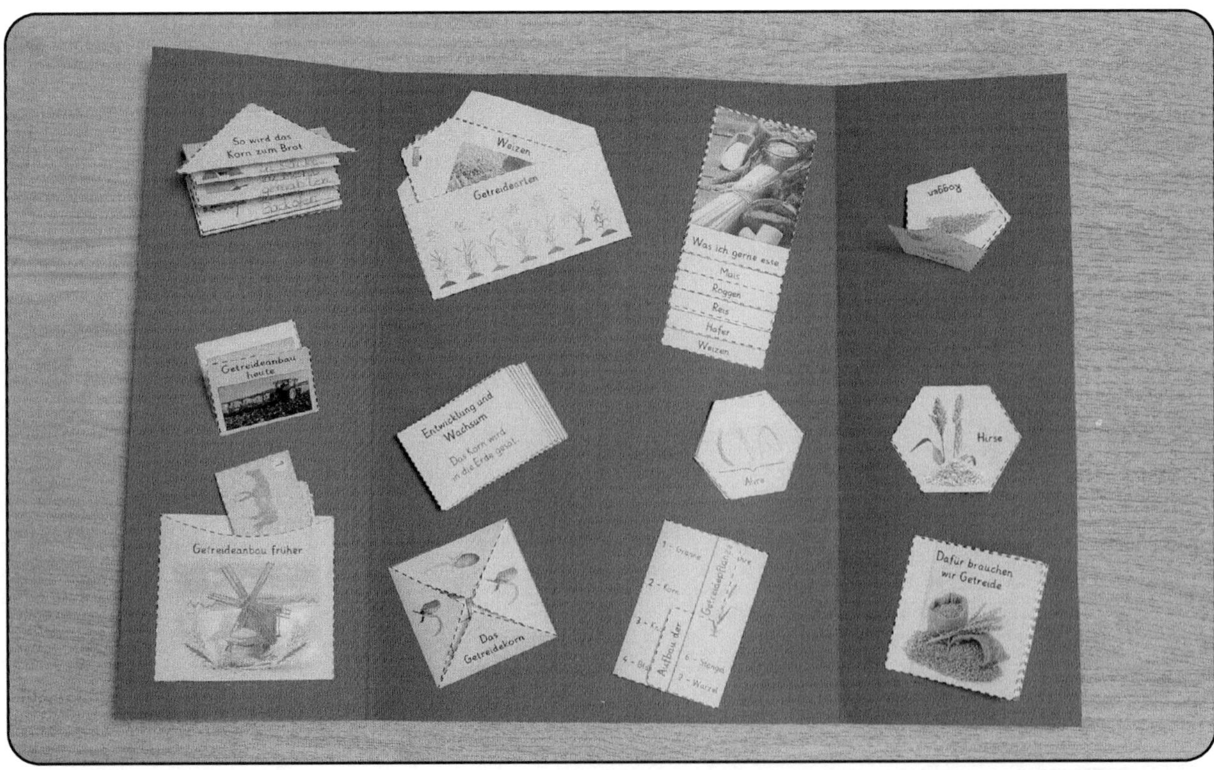

Arbeitspass

Name: ______________________

Klasse: __________

Seite	Thema	begonnen	erledigt

Materialliste, Lapbook basteln

Was brauchst du?

- Schere, für runde Formen evtl. eine Nagelschere
- Klebstoff
- 1 Papiermappe oder 1 buntes DIN A3 Papier
- Verschiedene Stifte, z. B. Bunt-, Faser-, Wachsmalstifte (+ weißer Stift)
- Büroklammern
- 1 Klarsichthülle (um angefangene Papierteile sicher aufzubewahren)
- Sticker, Stanzteile, Bilder ... alles, was zum Thema Getreide passt, zum Verzieren

So gestaltest du dein Lapbook

1. Variante

- Suche dir einen farbigen Fotokarton in der Größe DIN A3.
- Falte den Karton in der Mitte und klappe ihn wieder auseinander.
- Schon hast du ein Lapbook! Du kannst nun das Titelbild aufkleben und den Inhalt gestalten und einkleben. Überlege gut, bevor du den Innenteil befestigst.

2. Variante

- Nimm wieder einen farbigen Fotokarton.
- Falte den Karton in der Mitte und klappe ihn wieder auseinander.
- Falte nun die beiden äußeren Teile noch einmal zur Mitte. Nun sind 3 Knicke entstanden.
- Du kannst jetzt ein farbiges DIN A4 Blatt in die Mitte kleben. Dann klappst du die Seitenteile zu. Dein Lapbook ist fertig!
- Das Titelbild teilst du in der Mitte und klebst es auf.

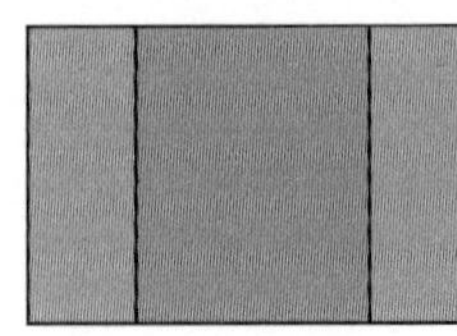

Lapbook erweitern

Lapbook – Variationen

Wenn der Platz nicht reicht, weil du noch mehr erfahren hast oder einige Bilder einfügen möchtest: Dann wird dein Lapbook einfach erweitert!

Du kannst oben und unten, rechts und links weitere Klappen ankleben. Am besten klebst du die Klappen mit einem breiten Klebestreifen fest.

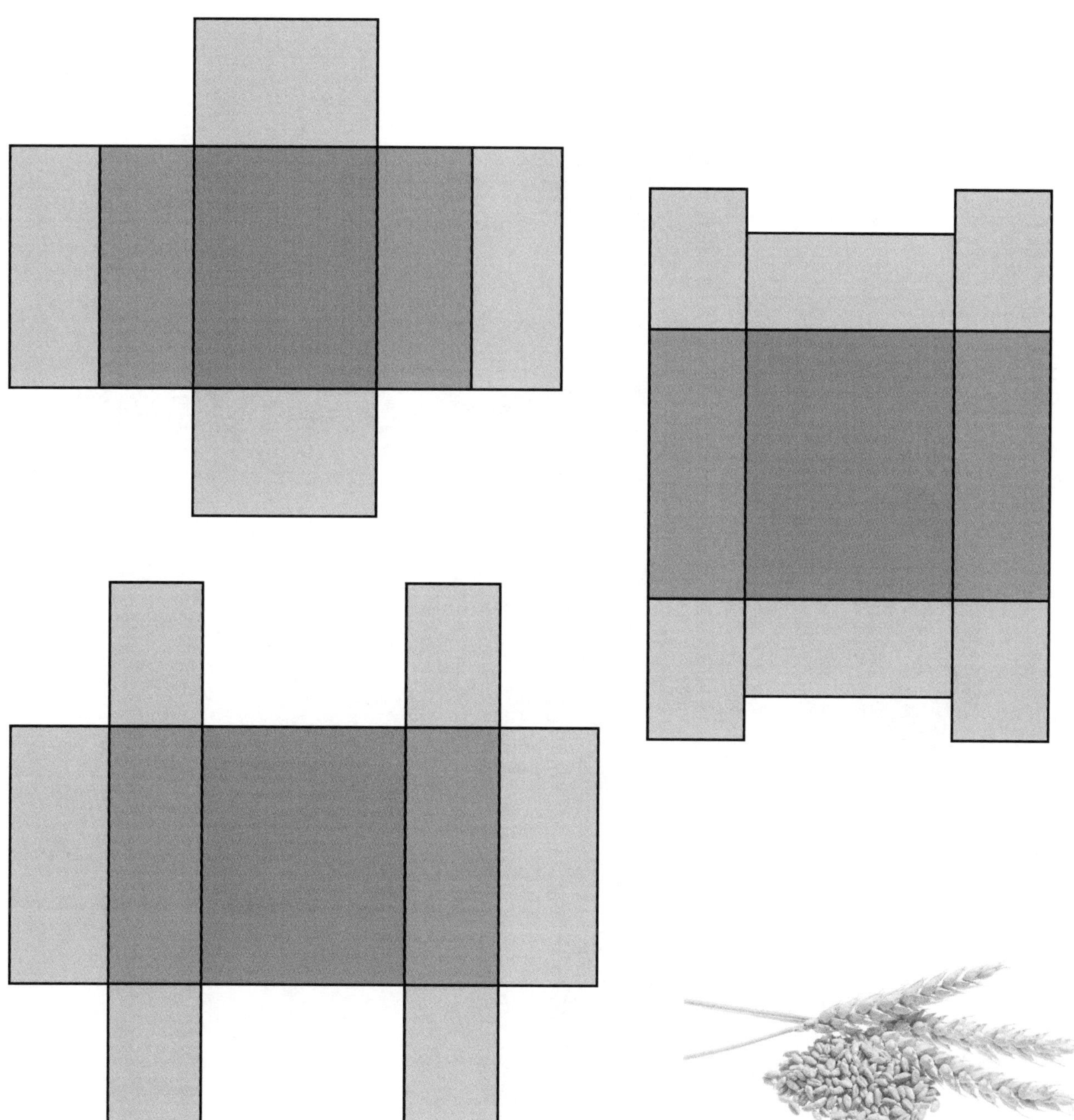

Mein Getreide-Lapbook

Name: ______________________________

Aussehen der Getreidearten

Bei uns wachsen Weizen, Roggen, Gerste, Hafer und Mais. Diese sind z. B. wichtig für Brot und Nudeln.

Schneide die Form aus. Die Texte auf der nächsten Seite schneidest du auch aus und klebst sie hinter das richtige Bild.

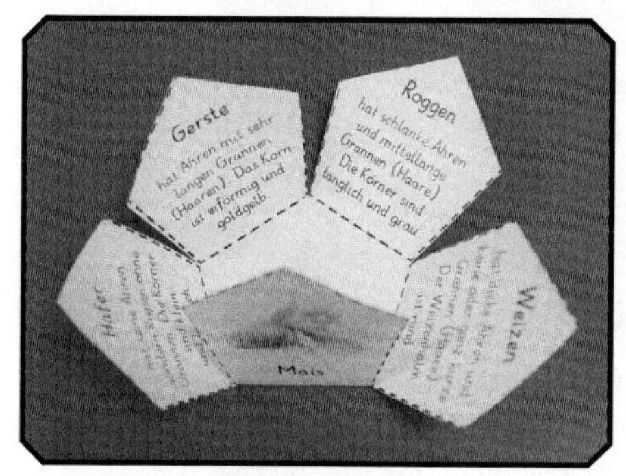

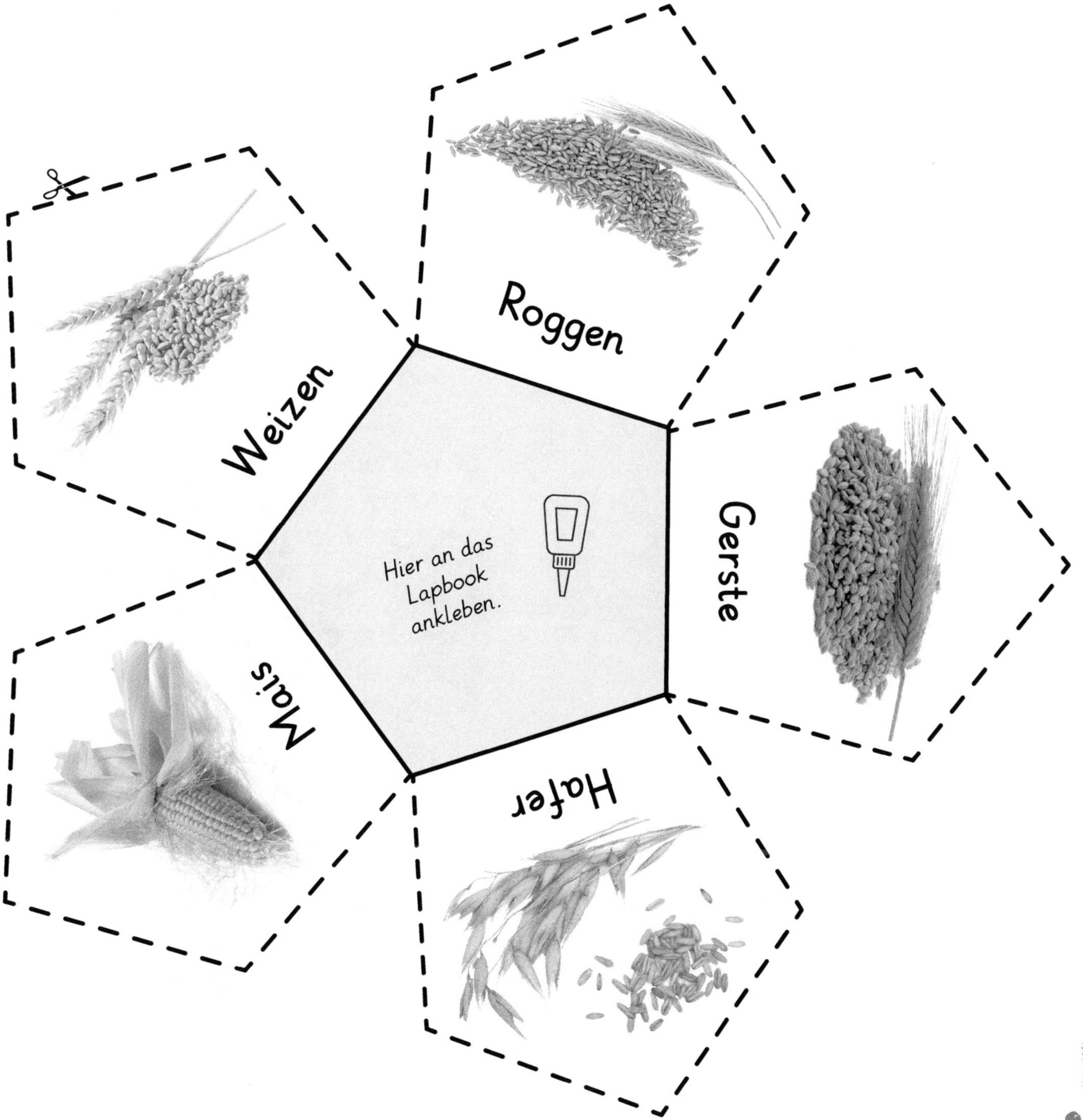

Roggen

Weizen

Gerste

Hier an das Lapbook ankleben.

Mais

Hafer

KOHL VERLAG Lapbook Getreide – Bestell-Nr. 13 012

Aussehen der Getreidearten

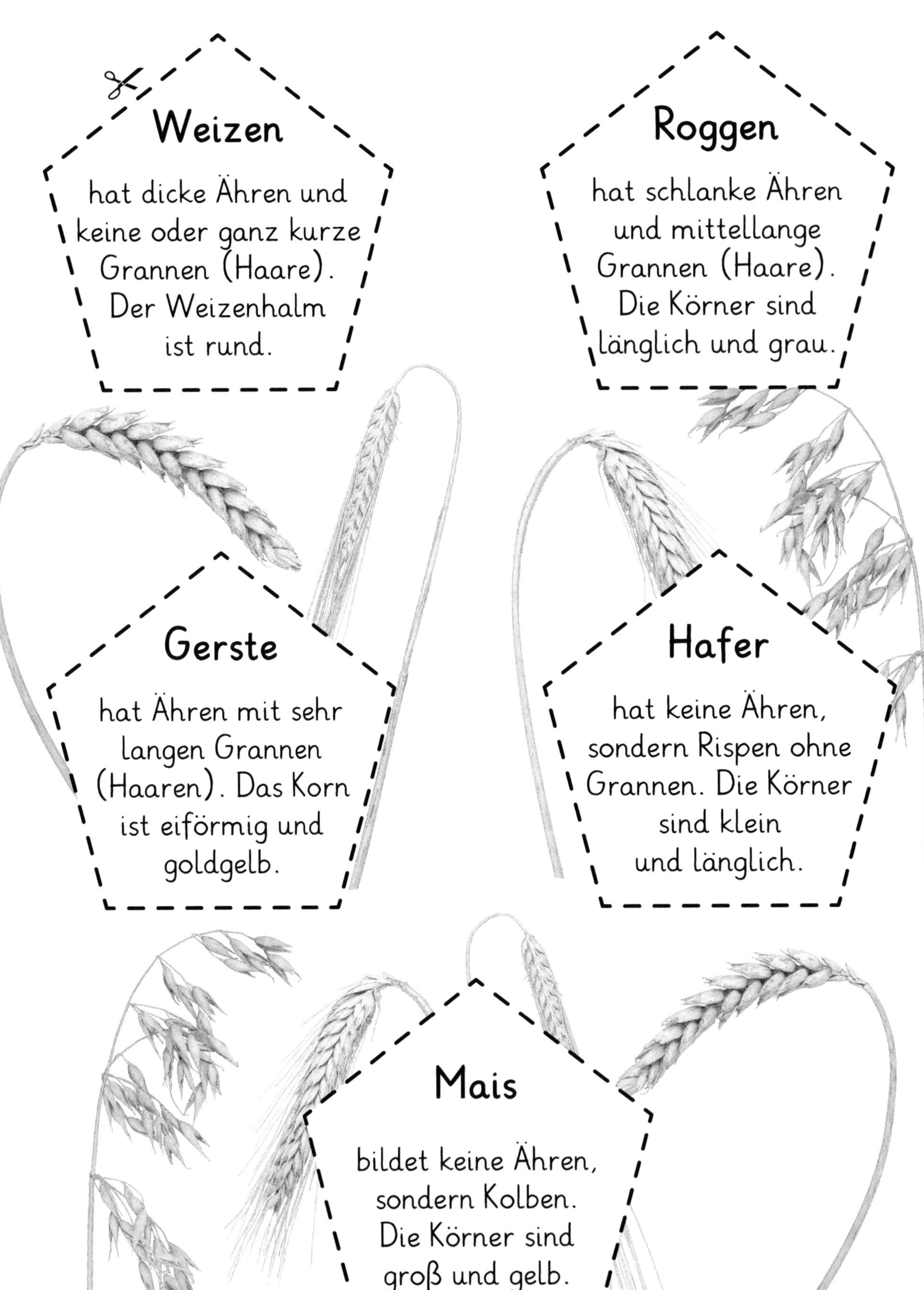

Weizen

hat dicke Ähren und keine oder ganz kurze Grannen (Haare). Der Weizenhalm ist rund.

Roggen

hat schlanke Ähren und mittellange Grannen (Haare). Die Körner sind länglich und grau.

Gerste

hat Ähren mit sehr langen Grannen (Haaren). Das Korn ist eiförmig und goldgelb.

Hafer

hat keine Ähren, sondern Rispen ohne Grannen. Die Körner sind klein und länglich.

Mais

bildet keine Ähren, sondern Kolben. Die Körner sind groß und gelb.

Hirse und Reis

Schneide die Form und die Sechsecke aus.
Ergänze die Texte mit den folgenden Wörtern und klebe sie auf die Rückseiten der Bilder.

Reiskorn • Wärme • Sorten • Rispe

Hier an das Lapbook ankleben.

Hirse

Reis

Hirse wächst an einer __________.
Die Hirsekörner sind klein und rund.
Sie braucht viel __________ für Wachstum und Reife.

An der 30 cm langen Rispe hängen kurz gestielte Ährchen, die jeweils ein __________ enthalten. Weltweit sind heute etwa 8000 __________ bekannt.

Lösung:
Hirse: Rispe, Wärme
Reis: Reiskorn, Sorten

Getreidearten

Schneide die Fahnen und die Kärtchen mit den Texten aus. Ergänze die Texte. Klebe die Texte jeweils passend auf die Rückseiten der Fahnen. Loche diese dann an der Markierung und hefte sie mit einer Musterklammer zusammen. Im Umschlag kannst du sie aufbewahren.

Weizen

Roggen

Gerste

Getreidearten

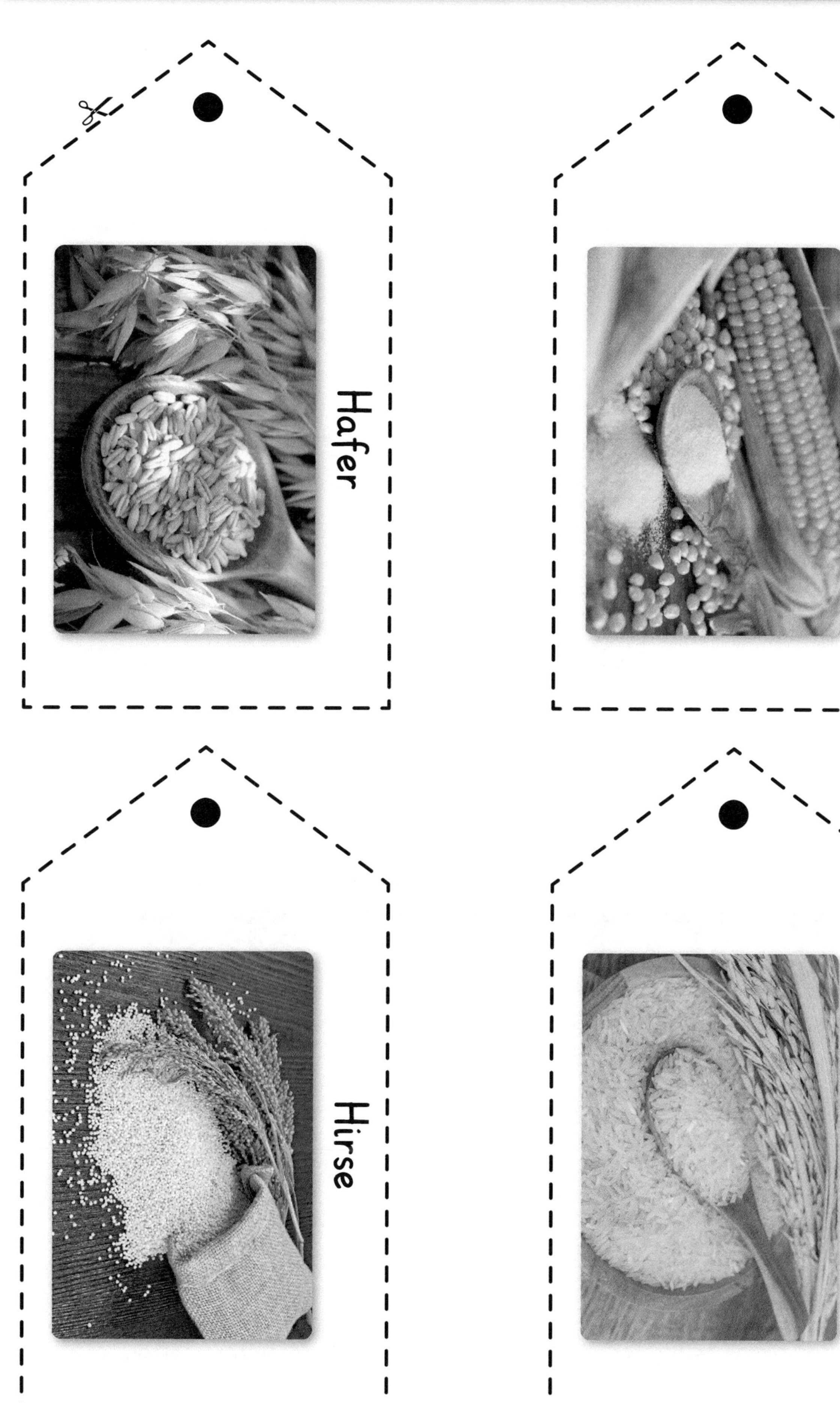

Getreidearten

Weizen wurde aus den Wildpflanzen Emmer, Einkorn und ________ gezüchtet. Man unterscheidet zwischen Hartweizen und ________. Er braucht gute Erde, passendes Klima und genügend Wasser.

Roggen pflanzt man heute überwiegend in Deutschland, Russland und ________. Roggen ist an kühles, trockenes Klima angepasst und ist frosthart. Roggen wird nur in Winter- und ________ unterteilt.

Gerste ist eine ________ Pflanze, die auch bei rauem Wetter gedeiht. Sie wächst am schnellsten von allen Getreidearten. ________ bringt höhere Erträge als Sommergerste.

Hafer gedeiht auch in kühlen Lagen. Er braucht nicht viel Licht und Wärme, dafür aber viel Wasser. Im Frühjahr ab ________ wird er ausgesät. Mitte bis Ende August wird er geerntet. Hier gibt es meist ________.

Mais stammt aus Mittelamerika. Bei uns wird fast nur ________ angebaut. Er ist frostempfindlich und braucht ein mildes Klima. Daher wird er erst Mitte bis Ende Mai ausgesät, wenn die Gefahr eines ________ vorbei ist.

Reis wurde bereits rund 7000 v. Chr. in China angebaut. Fast 3 Milliarden Menschen, ernähren sich hauptsächlich von Reis. ________ ist das Hauptanbaugebiet. Es gibt etwa 8000 Arten, z. B. Rundkorn und ________.

Hirse ist eine der ältesten Getreidesorten Asiens und Europas. Hirse braucht nicht viel Wasser und ist sehr ________. Sie gedeiht daher in warmen Klimazonen wie in ________ und in Südamerika.

Lösungen:
Weizen: Dinkel, Weichweizen
Roggen: Polen, Sommerroggen
Gerste: anspruchslose, Wintergerste
Hafer: März, Nackthafer
Mais: Futtermais, Frostes
Reis: Asien, Naturreis
Hirse: widerstandsfähig, Afrika

Getreidearten

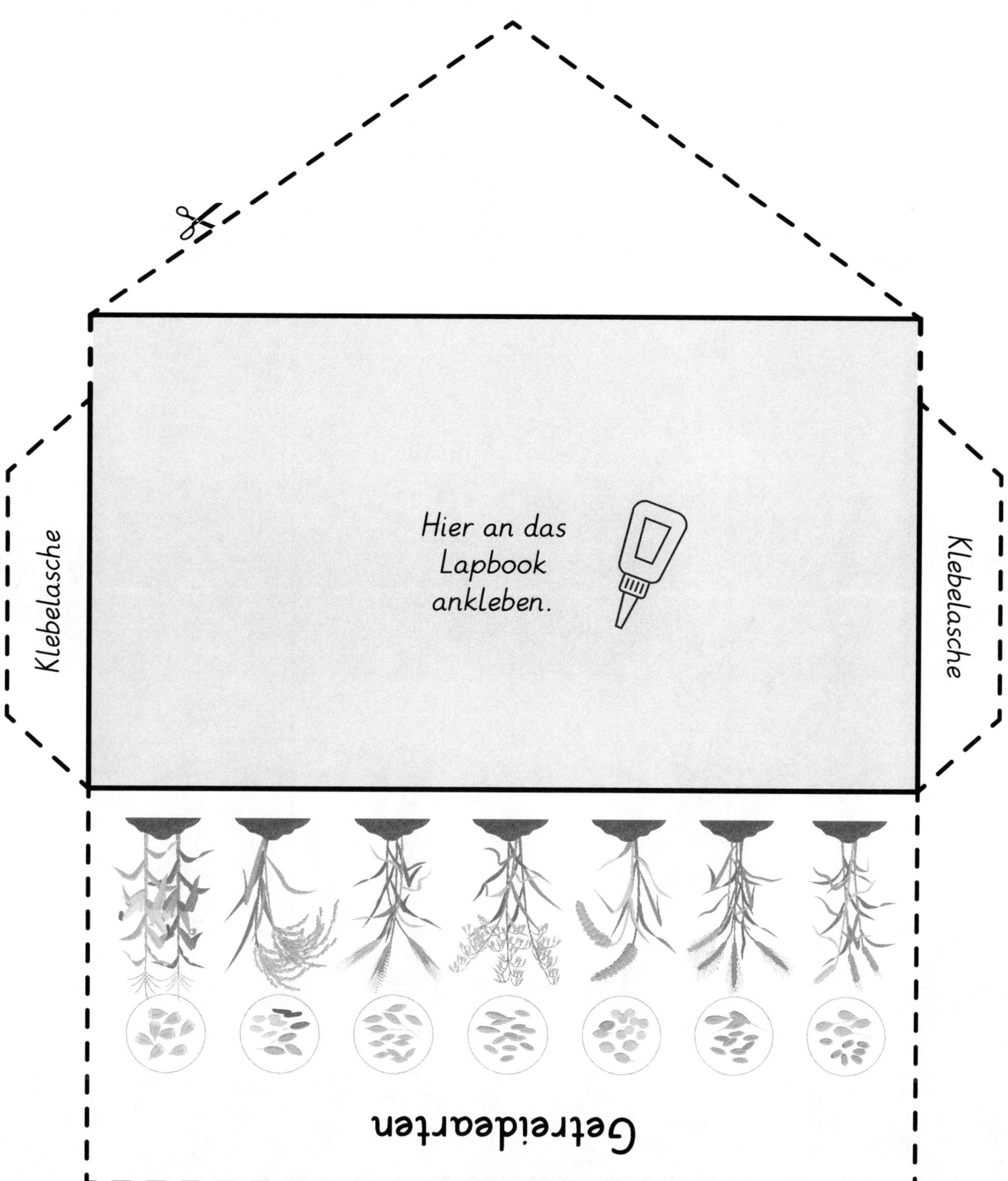

KOHL VERLAG Lapbook Getreide – Bestell-Nr. 13 012

Aufbau der Getreidepflanze

Der Halm eines Getreides ist hohl. Knoten unterteilen den langen Stängel in mehrere Teilstücke. Durch starken Wind und Regen kann es passieren, dass das Getreide umfällt. An den Knoten richtet sich der Halm wieder auf. Beim Getreide kommen Ähren, Rispen und Kolben als Blütenstände vor.

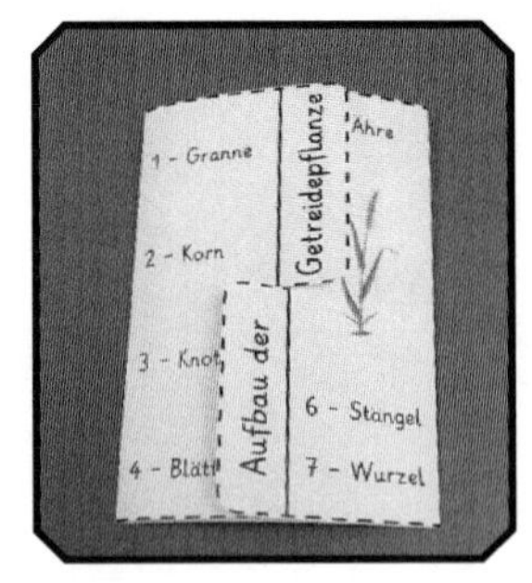

Schneide die Form und das Bild aus. Knicke die Seitenteile nach hinten. Notiere die richtigen Namen oder Nummern am Bild. Klebe dann das Bild in die Mitte der Form.

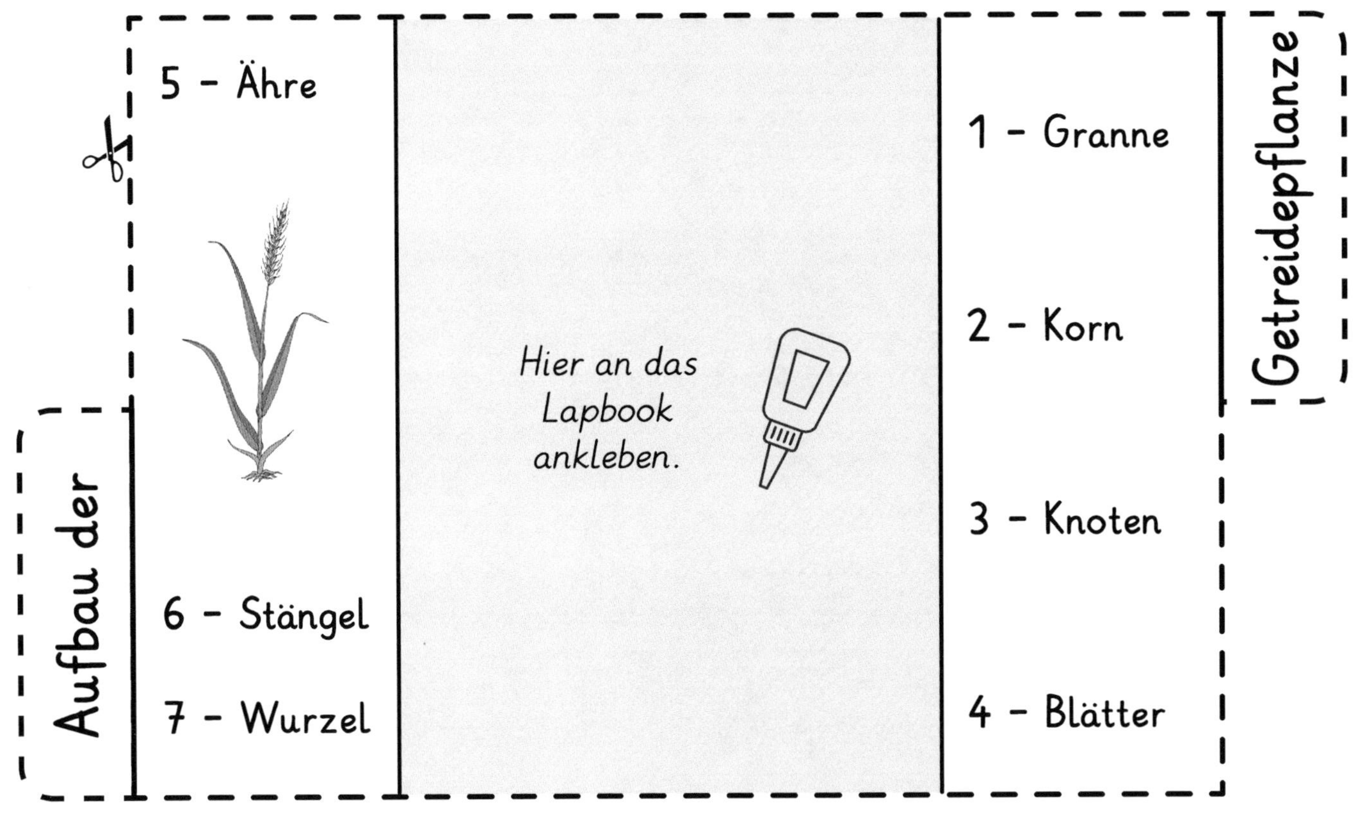

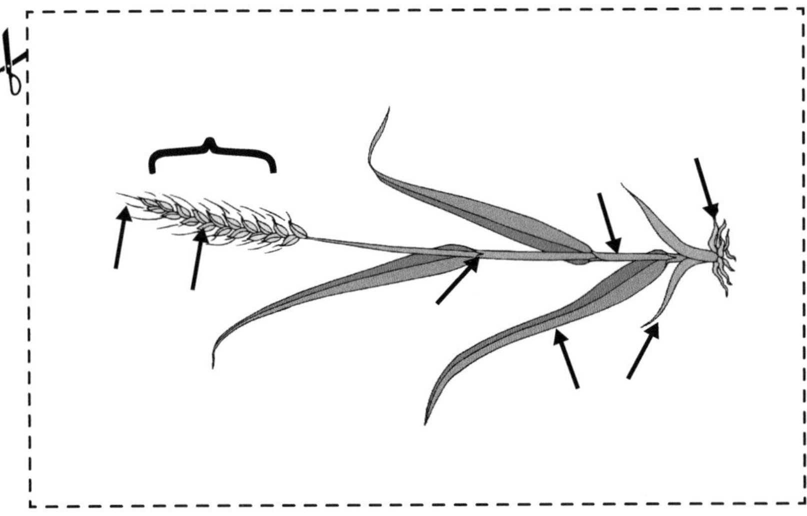

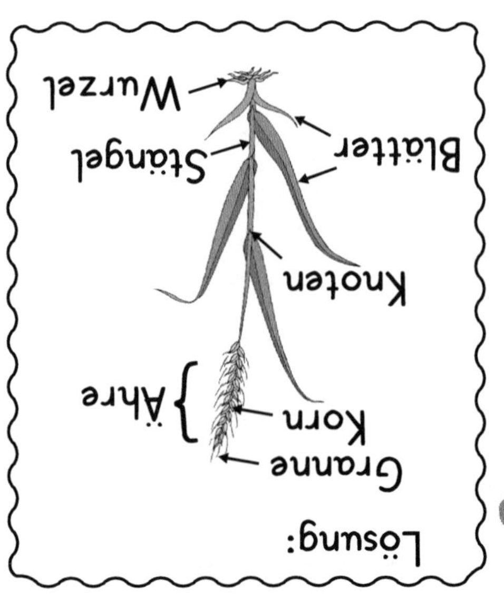

Das Getreidekorn

Aus dem **Keim** entwickelt sich die junge Getreidepflanze. Die **Getreideschale** umhüllt und schützt den Keim. Beim Mahlen wird die Schale vom Mehlkörper getrennt; sie kommt als Kleie in den Handel.
Der **Mehlkörper** besteht zum größten Teil aus Stärke und einem Eiweißstoff (Gluten oder Kleber genannt). Der Kleber hat die Aufgabe, bei der Teigherstellung Mehl und Wasser zu binden.

Schneide die Vierecke aus. Knicke die Form an den durchgezogenen Linien nach hinten. Beschrifte das Bild und klebe es in der Mitte auf.

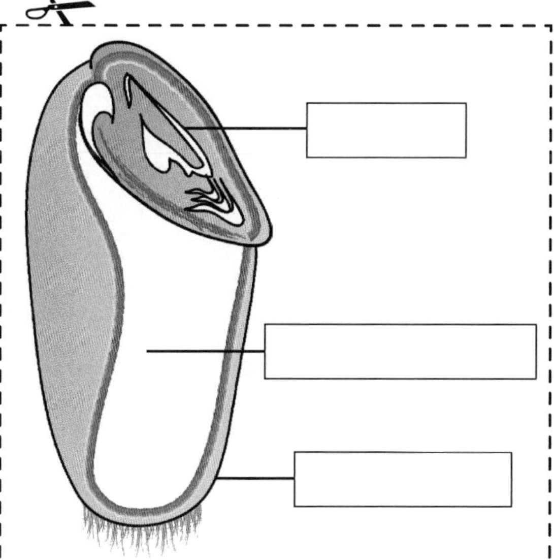

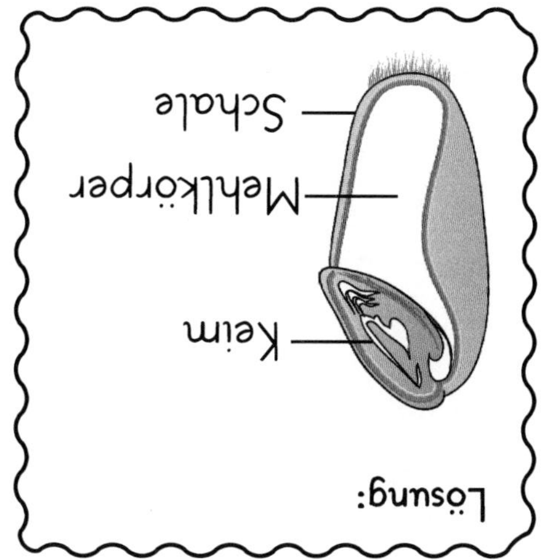

Ähre, Rispe oder Kolben?

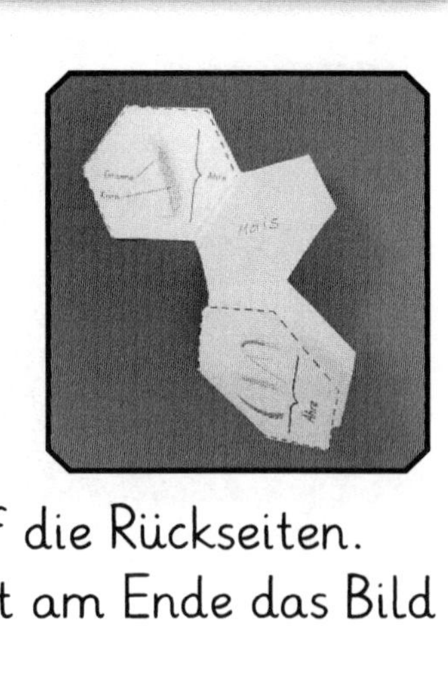

Beim Getreide kommen Ähren, Rispen und Kolben als Blütenstände vor.

- *Weizen, Roggen* und *Gerste* haben **Ähren**.
- *Hafer, Reis* und *Hirse* haben **Rispen**.
- Der *Mais* bildet einen **Kolben**.

Schneide die Form aus. Schreibe die *Getreidearten* auf die Rückseiten. Falte die Form und klebe sie in dein Lapbook. Füge erst am Ende das Bild richtig herum ein.

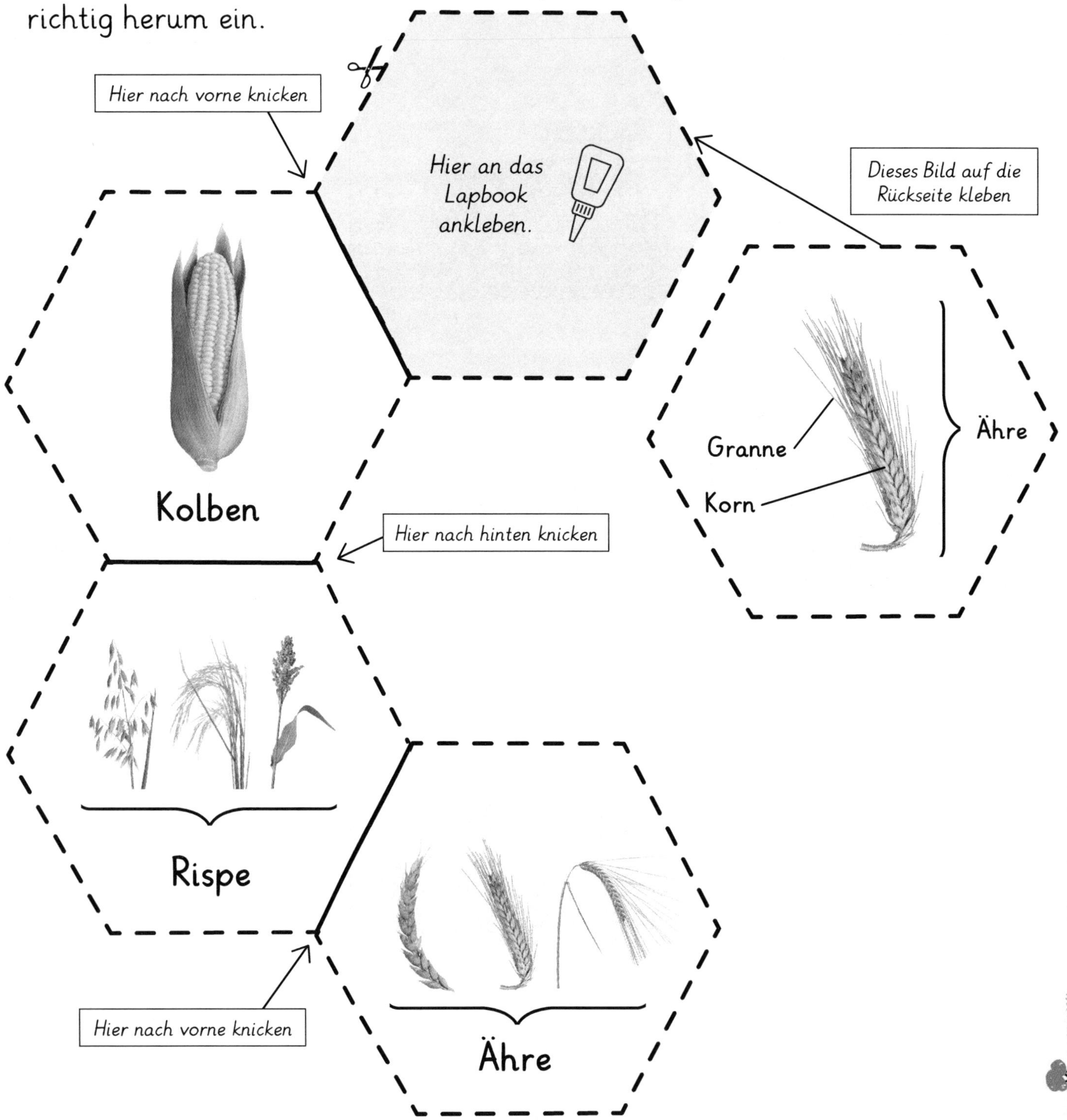

Hier nach vorne knicken

Hier an das Lapbook ankleben.

Dieses Bild auf die Rückseite kleben

Kolben

Granne

Korn

Ähre

Hier nach hinten knicken

Rispe

Hier nach vorne knicken

Ähre

Lernen mit Erfolg KOHL VERLAG Lapbook Getreide – Bestell-Nr. 12 013

Entwicklung und Wachstum des Getreides

Schneide die Bilder aus und füge sie richtig in das Leporello ein. Dann schneidest du auch das Leporello aus und klebst es zusammen. Falte es wie eine Ziehharmonika. Das Blatt „Entwicklung und Wachstum" sollte oben liegen.

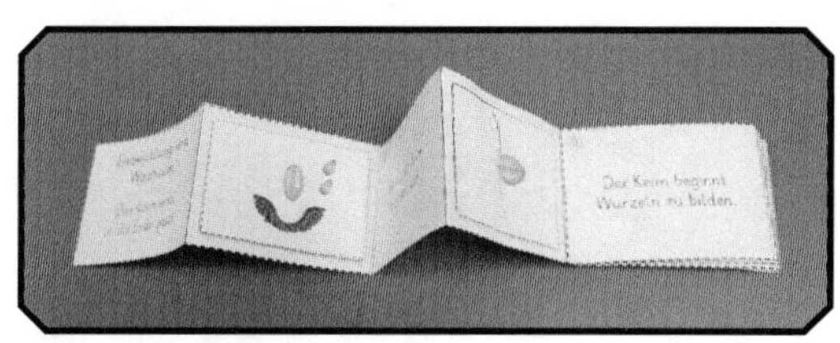

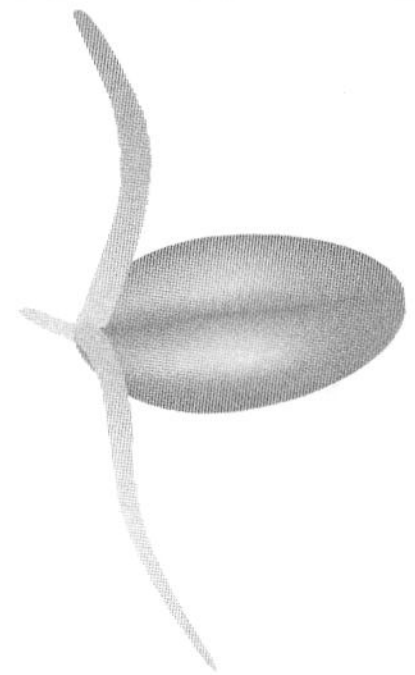

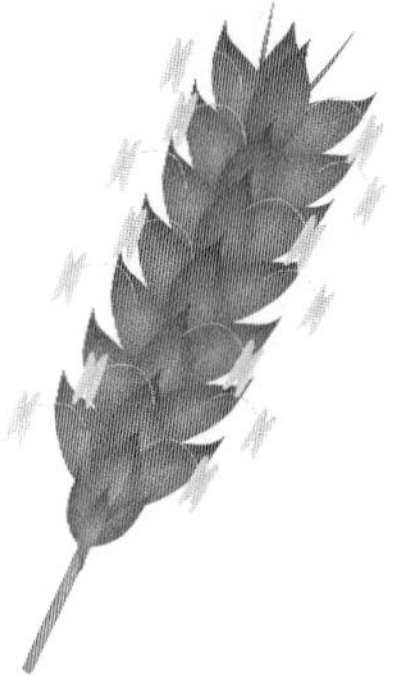

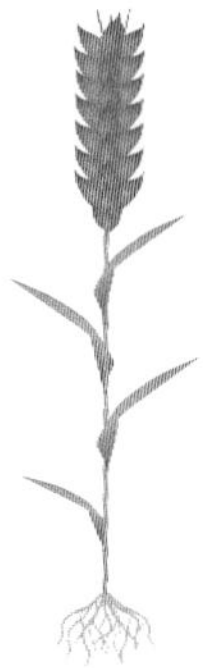

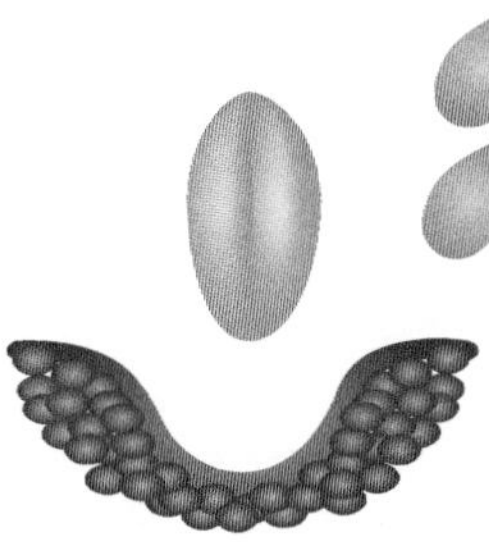

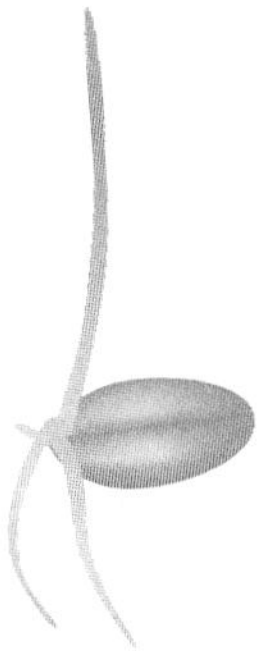

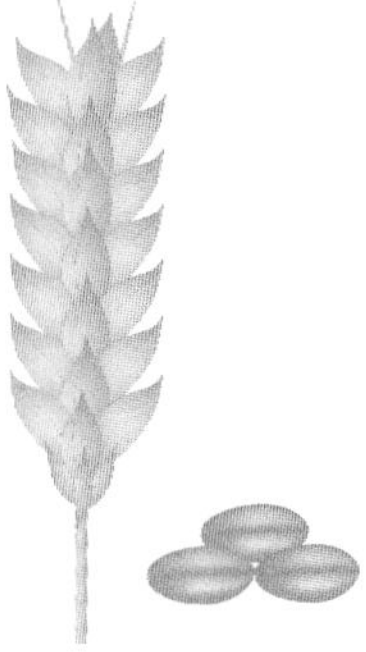

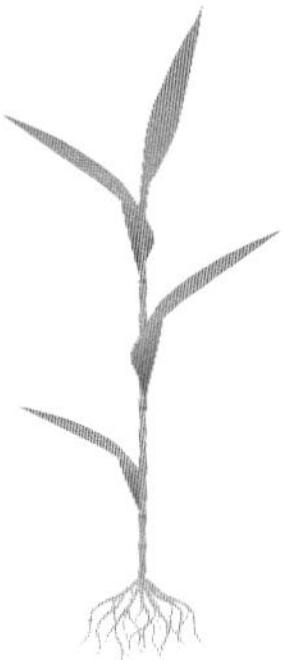

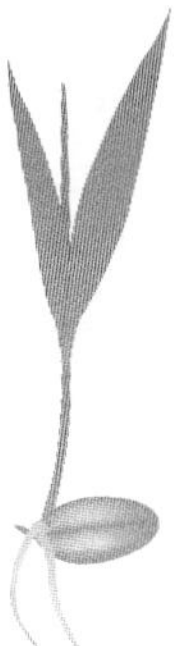

Entwicklung und Wachstum des Getreides

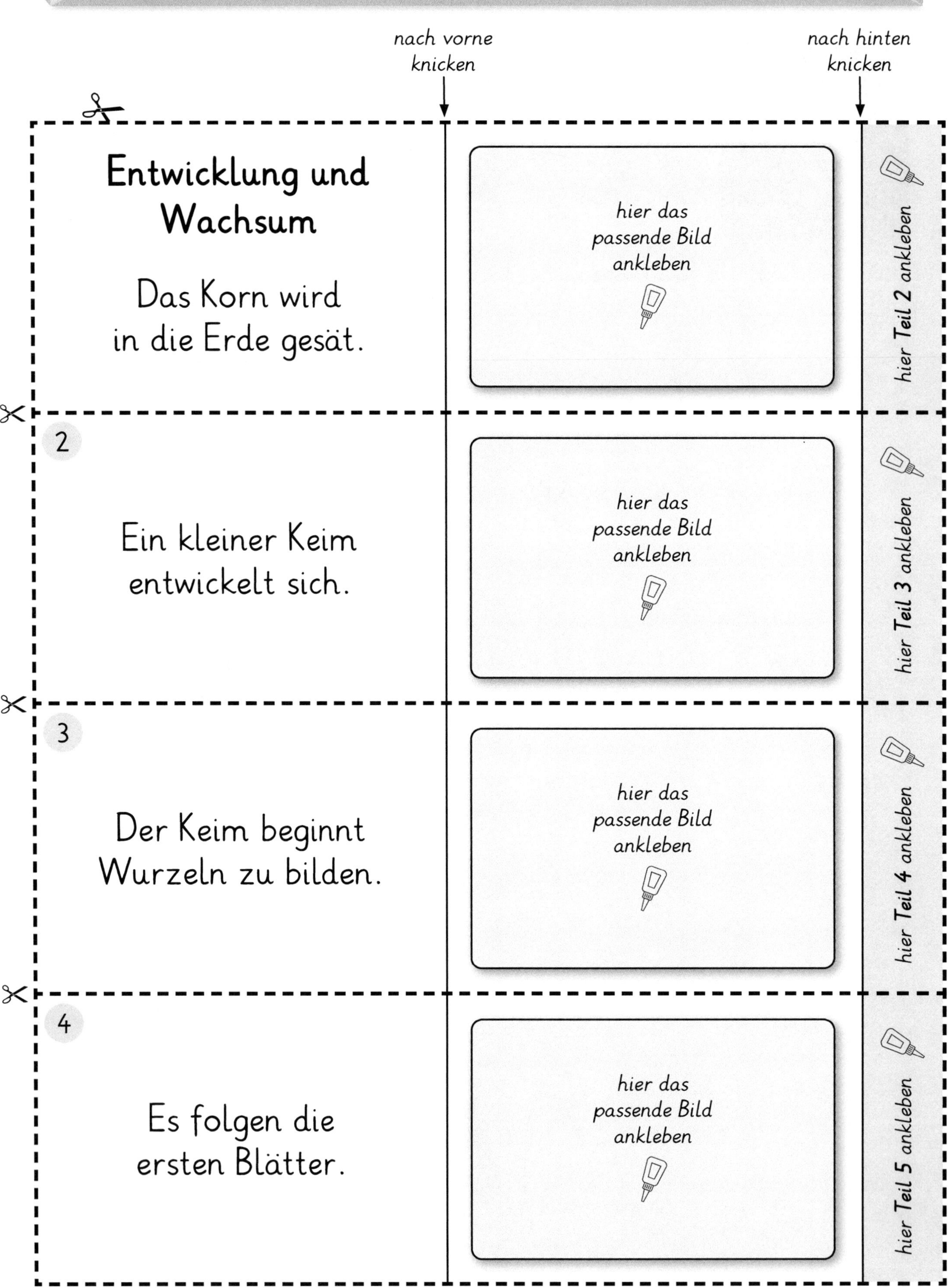

Entwicklung und Wachstum des Getreides

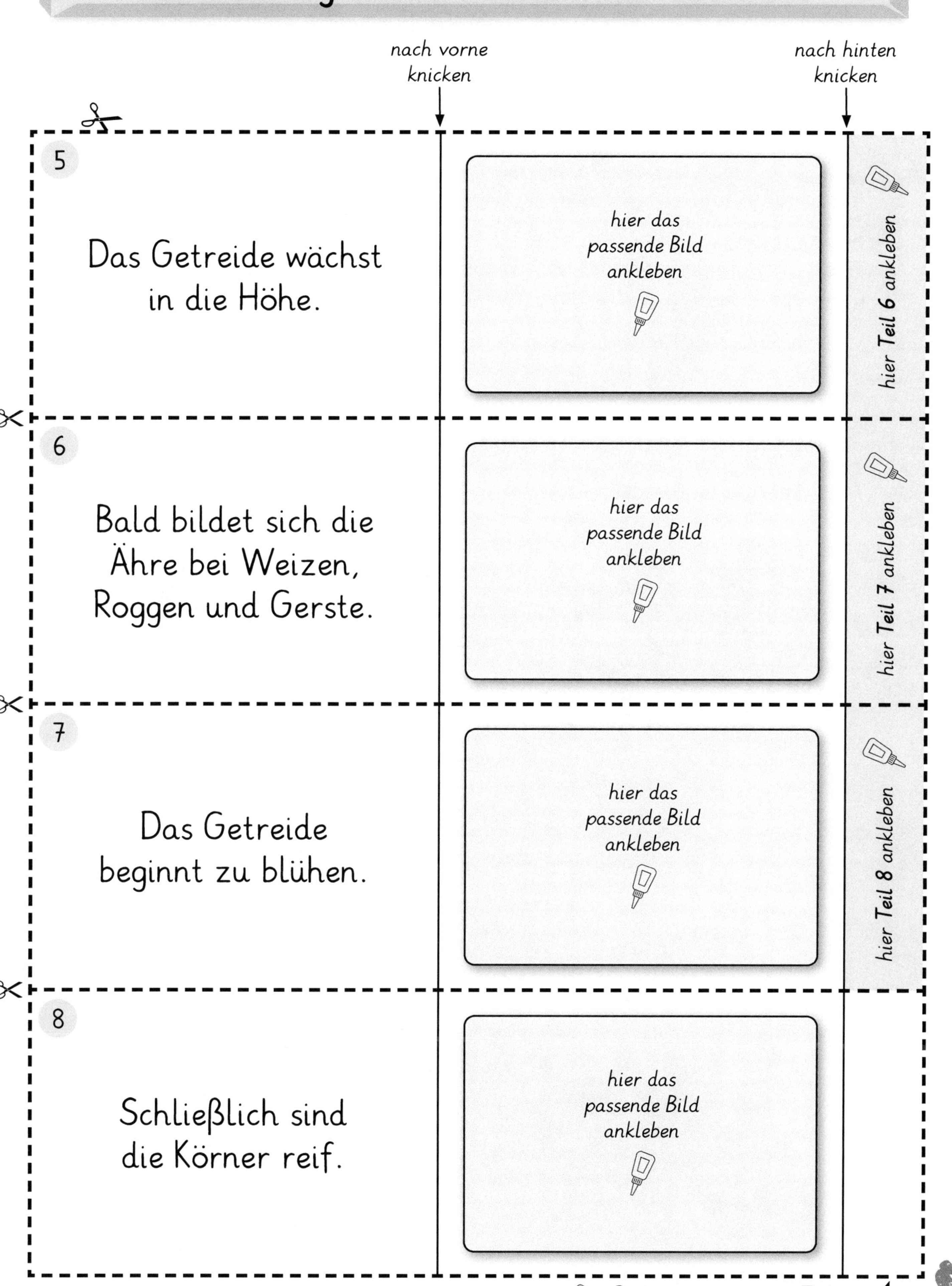

Dafür brauchen wir Getreide

Getreide ist eines unserer Grundnahrungsmittel. Man kann viel daraus herstellen, nicht nur Brot, Brötchen, Kuchen, Nudeln und Haferflocken oder Cornflakes.

Schneide die Bildkärtchen und die Textkärtchen auf dieser und den folgenden 2 Seiten aus. Klebe den Text auf die Rückseiten der Bilder. Die grauen Seitenstreifen klebst du aufeinander. So entsteht ein Büchlein. Mit der Rückseite des letzten grauen Streifens kannst du es in dein Lapbook einfügen.

Dafür brauchen wir Getreide

Hafer

Mais

Reis

Hirse

Dafür brauchen wir Getreide

Mehl aus Weizen ist hell und wird vorwiegend für Brot und ____________, Kuchen, Nudeln und als ________ verwendet. Die wertvollen Mineralstoffe befinden sich in den Randschichten.

Roggen wird meist zur Herstellung von Brot verwendet, oft für ____________. Das Brot ist dunkler, fester und schwerer als Weizenbrot. Aus geröstetem Roggen werden ____________, Bier und Korn hergestellt.

Da Gerste wenig ____________ enthält, lassen sich daraus keine Brote und Kuchen herstellen. Man braucht sie aber für die Bierherstellung und als Malzkaffee. Gerste wird auch zu Grütze bzw. ____________ verarbeitet.

Aus Hafer werden Haferflocken, __________ und Müsliriegel hergestellt. Man findet ihn aber auch in Brot, Keksen, Suppen und Babynahrung. Hafer dient auch als Vieh- und ____________.

Mais wird zu Beilagen, Polenta, Süßspeisen, ____________, Tortillas, Erdnussflips, Maisstärke und Popcorn verarbeitet. Auch Maiskeimöl und Futtermittel stellt man her. Bei uns wird der Mais überwiegend als __________ genutzt.

Reis gehört zu den glutenfreien Getreidearten. Das Mehl ist nicht backfähig. Er wird bei uns als __________ gegessen. Auch für Suppen, Aufläufe und Eintöpfe wird er eingesetzt. Wir kennen auch den __________.

Aus Hirse werden _____, Grütze und Fladen hergestellt und ebenso Bier gebraut. Zum Backen von Brot ist Hirse wenig geeignet. In ____________ verzehrt man Sorghum-Hirse am liebsten als Brei und Bier.

Lösungen:
Brötchen, Grieß, Mischbrote, Malzkaffee, Gluten, Graupen, Müsli, Pferdefutter, Cornflakes, Viehfutter, Beilage, Reisbrei, Brei, Westafrika

Was ich gerne esse

Finde Bilder oder male in die Kästchen, was du gerne isst. Schneide dann die Kärtchen aus und lege sie der Länge nach sortiert aufeinander. Das längste Kärtchen legst du nach unten, das kürzeste (mit dem Bild) kommt obendrauf. Klebe sie an dem grauen Rand zusammen und dann in dein Lapbook.

Weizen

Hafer

Vorschläge:
Weizen: Nudeln, Brot, Brötchen, Kuchen
Roggen: Brot, Brötchen, Schwarzbrot
Mais: Cornflakes, Puffreis, Flips
Hafer: Haferflocken, Müsli, Müsliriegel
Reis: Suppen, Aufläufe, Beilage

Was ich gerne esse

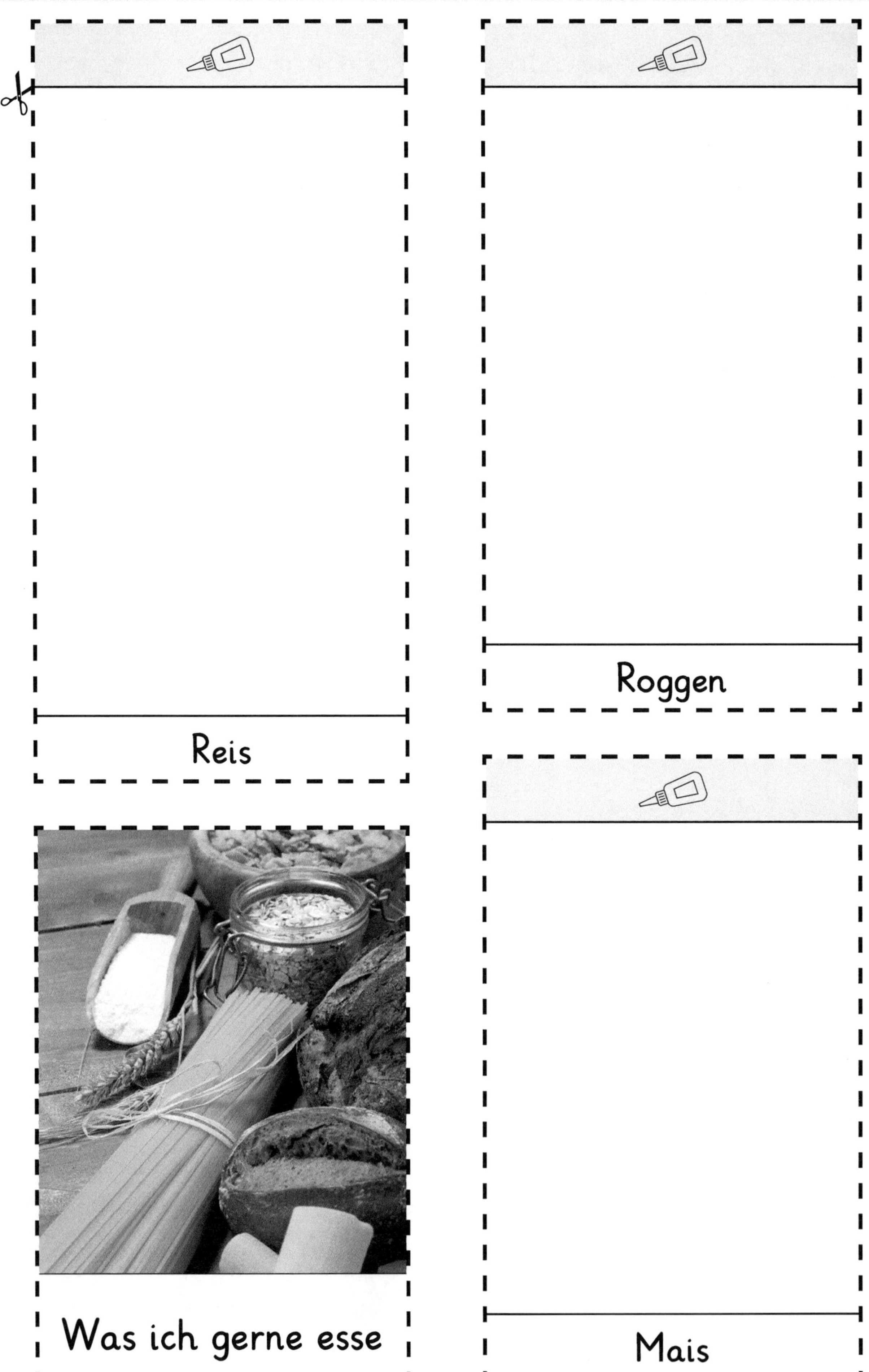

So wird das Korn zum Brot

Schneide den Pfeil auf dieser und der nächsten Seite aus. Knicke ihn wie eine Ziehharmonika. Schreibe dann die Sätze passend zu den Bildern.

Das Getreide wird geerntet. • Dort wird das Korn zu Mehl gemahlen. • Dann kann der Bäcker es verkaufen. • Das Brot kommt in den Backofen. • Dann geht es zur Mühle. • Der Bäcker stellt den Teig für das Brot her. • Der Bauer füllt es in Säcke.

So wird das Korn zum Brot

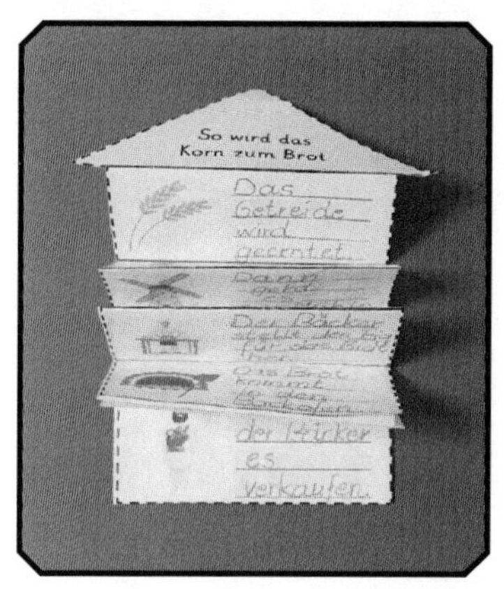

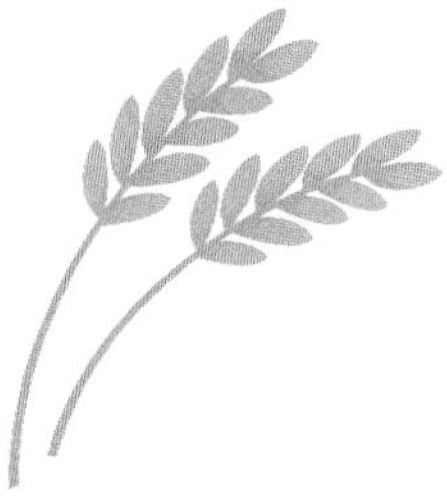

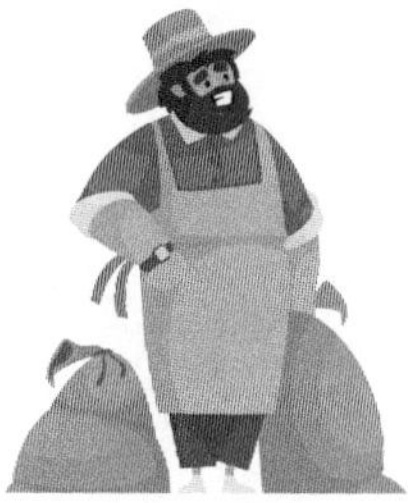

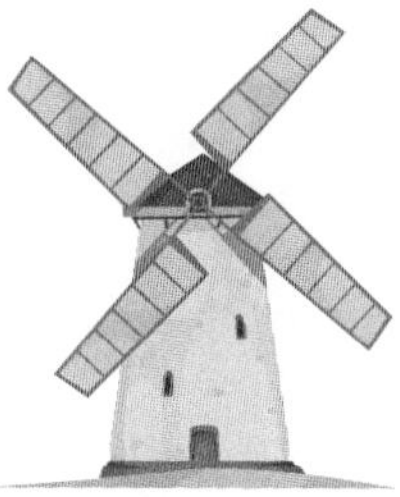

____

____

____

____

____

____

____

____

____

____

____

____

Hier Teil 2 ankleben

So wird das Korn zum Brot

Die Rückseite dieses Teils an das Lapbook kleben.

Lösung:

1. Das Getreide wird geerntet.
2. Der Bauer füllt es in Säcke.
3. Dann geht es zur Mühle.
4. Dort wird das Korn zu Mehl gemahlen.
5. Der Bäcker stellt den Teig für das Brot her.
6. Das Brot kommt in den Backofen.
7. Danach wird das Brot aus dem Ofen geholt.
8. Dann kann der Bäcker es verkaufen.

Getreideanbau früher

Schneide die Bilder, die Textkärtchen und die Tasche aus. Klebe die Texte auf die Rückseite der Bilder – aber Achtung, die Reihenfolge der Texte musst du herausfinden! Klebe dann die Tasche in dein Lapbook und lege die Kärtchen hinein.

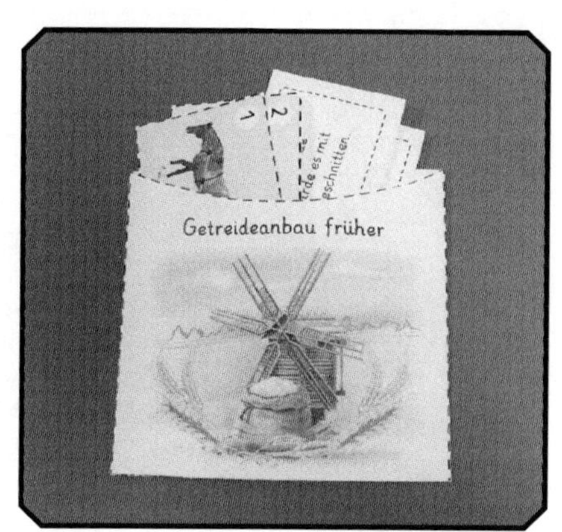

1

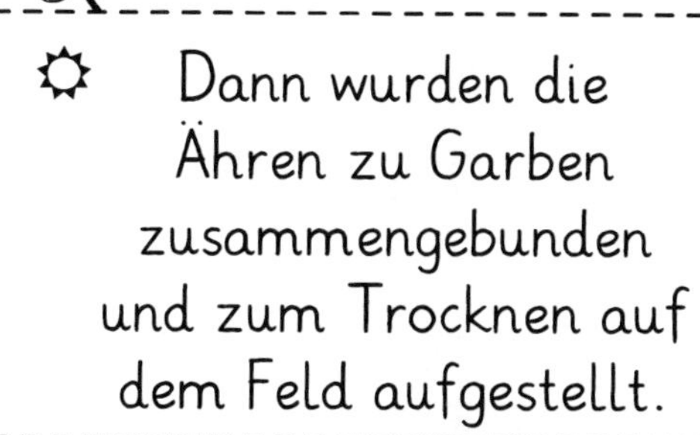

☼ Dann wurden die Ähren zu Garben zusammengebunden und zum Trocknen auf dem Feld aufgestellt.

2

◆ Mit einem Dreschflegel wurden die Körner aus den Ähren geschlagen. Danach wurden die Körner von der Spreu getrennt.

3

✶ Wenn das Getreide trocken genug war, wurde es mit dem Pferdewagen zum Hof gebracht.

KOHL VERLAG Lapbook Getreide – Bestell-Nr. 13 012

Getreideanbau früher

4

♦ Bevor der Bauer das Getreide säte, musste er mit dem Pflug den Ackerboden lockern.

5

⌘ Die Körner wurden in Säcke gefüllt und auf den Pferdewagen geladen.

6

✵ Es wurde zum Mahlen zur Mühle transportiert. Das Mehl kam dann zum Bäcker, der das Brot daraus backte.

7

❄ In den gepflügten Acker wurde gesät. Dazu verwendete man einen Teil der Körner der letzten Ernte.

8

✿ Wenn das Getreide reif war, wurde es mit einer Sense geschnitten.

So ist es richtig: 1 ♦, 2 ❄, 3 ✿, 4 ☼, 5 ★, 6 ◆, 7 ⌘, 8 ✵

Getreideanbau früher

Getreideanbau heute

Schneide die Kärtchen und die Form aus. Knicke die Vierecke an den durchgezogenen Linien nach hinten. Lies die Kärtchen sorgfältig durch und klebe sie auf die Rückseiten der Bilder.

Der Boden muss mit Mist oder Kunstdünger gedüngt und das Getreide gegen Schädlinge behandelt werden.

Getreideanbau heute

Im Juli oder August kommt der Mähdrescher. Er mäht und drischt das Getreide. Die Körner werden direkt in einen Anhänger gefüllt.

Hier an das Lapbook ankleben.

Auch die Sämaschine wird an den Traktor angehängt und verteilt die Samen in gleichmäßigen Abständen auf dem Acker.

Mit Pflug, Grubber und Egge wird der Boden gelockert. Sie werden an den Traktor angehängt.